BÉBÉ ALPHABET

PROPRIÉTÉ DES ÉDITEURS

LETTRES MAJUSCULES.

A B C

D E F

G H I J

K L M

— 6 —

N O P

Q R S T

U V W

X Y Z

LETTRES MINUSCULES.

a b c d e

f g h i j

k l m n o

p q r s t

u v w x y z

LETTRES MINUSCULES ITALIQUES.

a   b   c   d   e

f   g   h   i   j

k   l   m   n   o

p   q   r   s   t

u   v   w   x   y   z

A-ni-mal.

Bé-bé.

Ca-ba-ne.

Da-me.

É-cer-ve-lé.

Fi-gu-re.

— 12 —

Gen-dar-me.

Ha-me-çon.

— 13 —
I-do-le.

Jou-jou.

Ka-ka-to-ès.

Li-las.

Ma-man.

Nau-fra-ge.

O-ran-ge.

Pa-pa.

— 17 —

Quê-te.

Ro-se.

Ser-pent.

TU-li-pe.

Voyage en Wagon.

SphinX.

— 20 —

Yo-le.

Zé-phir.

VOYELLES.

(Les voyelles sont des lettres qui peuvent se prononcer sans le secours d'aucun son.)

A E É È Ê
I O U Y

a e é è ê i o u y

CONSONNES.

(Les consonnes sont des lettres qui ne peuvent pas se prononcer sans être jointes à des voyelles.)

B C D F G H J
K L M N P Q R
S T V W X Z

b c d f g h j
k l m n p q r
s t v w x z

ACCENTS.

Il y a trois accents :

L'accent aigu, qui se met sur l'*e* fermé :

Ru-sé.

L'accent grave, qui se met sur l'*e* ouvert :

Mè-re.

L'accent circonflexe, qui se met sur les voyelles longues :

Pâ-tre Fê-te E-pî-tre Pô-le Flû-te.

B

(Faire lire d'abord aux enfants les syllabes les unes après les autres dans le sens vertical; ainsi : *ba, be, bi, bo, bu; si, sa*, etc.; et ensuite dans le sens horizontal; exemple : *Ba-si-lic, Be-sa ce.*)

Ba - si - lic
Be - sa - ce
Bi - no - cle
Bo - lé - ro
Bu - ra - lis - te

C

Ca - li - cot
Ce - ri - se
Ci - ta - din
Co - lo - nie
Cu - mu - ler

Ac-cé-der
Ec-clé-si-as-te
I-co-glan
Oc-cu-pé

D

Da - li - la
Dé - bi - ter
Di - plô - me
Do - mi - no
Du - re - té

Ad-mi-ra-ble
E-dre-don
I-do-le
O-do-rat

F

Fa - mi - ne
Fe - nai - son
Fi - ne - ment
Fo - lâ - tre
Fu - ti - le

Af-fec-té
Ef-fron-té
If
Of-fen-ser

G

Ga - lè - re
Gé - né - reux
Gi - ber - ne
Go - be - lins
Gut - tu - ral

Ag-gra-ver
E-gli-se
I-gno-rant
O-gi-ve

H

Ha - bi - le
Hé - bé - ter
Hi - dal - go
Ho - no - ra - ble
Hu - ma - ni - té

A-hu-rir
E-hou-per
Uh-lan
Yacht

J

Ja - ve - lot
Je - ton
Jo - cris - se
Ju - ge - ment

A-jou-ter

K

Ka - mi - chi
Ker - mes - se
Ki - lo - mè - tre

U-ka-se

L

La - bou - rer
Lé - gu - me
Li - bé - ral
Lo - ca - tai - re
Lu - mi - neux

Al-lu-mer
El-liptique
Il-lé-gal
Ul-té-rieur.

M

Ma - man
Mé - ri - te
Mi - nu - te
Mo - ra - le
Mu - tis - me

Am-mo-nia-que
E-mi-nent
Im-mor-tel
O-mis-sion

N

Na - tu - rel
Né - ga - tif
Ni - ve - ler
No - bles - se
Nu - mé - ro

An-na-les
En-ne-mi
In-no-cent
U-ni-for-me

P

Pa - pa
Pé - ni - tent
Pi - co - rer
Po - lo - nais
Pu - pî - tre

Ap-pé-tit
É-pi-ne
Op-po-ser
Y-pré-au

Q

Qua - dru - pè - de
Que - rel - le
Quil - le
Quo - li - bet
Quin - con - ce

Quin-qui-na
Quin-te
Quin-ze
É-qui-li-bre

R

Ra - va - ger
Re - mi - se
Ri - gi - de
Ro - bi - net
Ru - mi - ner

Ar-ran-ger
Er-ro-né
Ir-ri-té
O-ran-ge

S

Sa - ge - ment
Sé - vè - re
Si - len - ce
So - li - de
Su - bli - me

As-su-rer
Es-to-ca-de
Is-ra-é-li-te
Os-se-let

T

Ta - ci - te
Té - na - ci - té
Ti - mi - de
To - lĕ - rer
Tu - mul - te

At-ta-cher
É-tu-de
I-ta-li-que
Ot-to-ma-ne

V

Va - can - ce
Vé - gé - tal
Vi - cai - re
Vo - ca - tif
Vul - gai - re

A-vo-cat
E-vi-ter
I-voi-re
O-va-le

X

Xa - vi - er
A - xon - ge
Ex - trê - me
O - xi - der

Y

Ya - ta - gan
Yè - ble
Yo - le
Yuc - ca

Z

Za - gaie
Zé - la - teur
Zi - be - li - ne
Zo - di - a - que
Zo - o - lo - gie
A - zu - ré

CONSONNES COMPOSEES.

Bl	*bl*a	son
Br	*br*i	ser
Ch	*ch*e	val
Cl	*cl*o	che
Cr	*cr*u	el
Dr	*dr*y	a de
Fl	*fl*a	con
Fr	*fr*e	lon

Gl	*gl*is	ser
Gn	*gn*o	me
Gr	*gr*u	ger
Ph	*ph*y	si que
Pl	*pl*a	cet
Pr	*pr*é	cis
Rh	*rh*u	bar be
Sc	*sc*i	en ce
Sl	*sl*a	ve

Sp	*spo*	li	er
St	*sty*	let	
Th	*thé*	â	tre
Tr	*tri*	bu	nal
Chr	*chré*	tien	

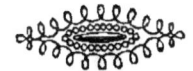

VOYELLES COMPOSEES.

An *an* se
Am *am* ple
En *en* clos
Em *em* plir
In *in* fi ni
Im *im* po li
Ain ai r*ain*
Aim f*aim*

Ein fr*ein*

Ym th*ym*

On *on* gle

Om *om* bre

Un cha *cun*

Um par *fum*

Ou *ou* til

Ai *ai* mer

Eai *geai*

Ey de*y*
Ei p*ei* ne
Au *au* teur
Eau ca d*eau*
Eu j*eu*
Œuf bœuf

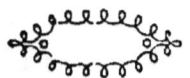

DIPHTONGUES.

[On appelle *diphtongue* deux voyelles réunies dans une même syllabe, et faisant entendre deux sons distincts.]

Ia   p*ia* no
Ié   t*ié* deur
Iè   lu m*iè* re
Io   p*io* che
Ieu   p*ieu*

Iou	ch*iou*r	me
Ian	v*ian*	de
Ien	b*ien*	
Ion	l*ion*	
Oi	f*oi*	
Eoi	bour	*geois*
Oin	l*oin*	
Ouin	ba	b*ouin*
Oua	r*oua*	ge

Oué	*roué*
Ouen	*Rouen*
Oui	*louis*
Ua	*rua* de
Ui	ap *pui*
Uin	*juin*

LETTRES DOUBLES.

[Les deux lettres pareilles, placées à côté l'une de l'autre, se prononcent comme une seule lettre ; ainsi *abbé* se prononce comme si l'on écrivait : *a bé*.]

cc comme c a *cc*ord

ff   *f* a*ff*i che

gg   *g* a*gg*ra ver

ll   *l* a *ll*er

mm   *m* co*mm*is

nn comme n co nnaître

pp   p a ppé tit

rr   r a rrêt

ss   s e ssai

tt   t a tta cher

LETTRES NULLES.

[Les lettres muettes ne se prononcent pas.]

a S*a*ône   e fr*e*in

o La*o*n   d bon*d*

g coin*g*   h *h*umain

l fi*l*s   ps tem*ps*

t tou*t*   x yeu*x*

z ne*z*

CHIFFRES ARABES.

1	2	3	4	5
un	deux	trois	quatre	cinq
6	7	8	9	0
six	sept	huit	neuf	zéro

CHIFFRES ROMAINS.

I	II	III	IV	V
1	2	3	4	5
VI	VII	VIII	IX	X
6	7	8	9	10

LECTURES COURANTES

A-na-to-le.

Le pe-tit A-na-to-le est un char-mant en-fant. Il dit bien sa pri-è-re le ma-tin et le soir. Il ne pleu-re pas sou-vent; il ne met pas ses doigts dans sa bou-che; en-fin il a beau-coup de qua-li-tés et très-peu de dé-fauts.

Bé-bé.

Com-me A-na-to-le est en-co-re très-jeu-ne, puisqu'il n'a pas plus de trois ans, on a l'ha-bi-tu-de de l'ap-pe-ler : Bé-bé. Ce nom d'a-mi-tié lui plaît, et quand il veut ob-te-nir quel-que cho-se, il dit : Don-nez ce-ci à Bé-bé; Bé-bé veut du bon-bon.

— 61 —

Co-co.

Bé-bé va à la pro-me-na-de a-vec sa bon-ne; il ren-con-tre un mar-chand de co-co; aus-si-tôt Bé-bé s'a-per-çoit qu'il a soif. Il de-man-de à sa bon-ne un ver-re de co-co. Le mar-chand ver-se à boi-re à ce bel en-fant, qui lui don-ne un sou pour sa pei-ne.

— 63 —

Da-da.

Bé-bé voit pas-ser un of-fi-ci-er en bril-lant u-ni-for-

me et mon-té sur un beau che-val blanc.
— « Vois, ma bon-ne, dit Bé-bé, le jo-li da-da; Bé-bé veut al-ler aus-si à da-da. » Mais la bon-ne lui fait com-pren-dre qu'il est trop pe-tit pour mon-ter à che-val.

En-fants.

A-na-to-le ai-me beau-coup les en-fants. Quand il en

a-per-çoit, il a-gi-te ses bras en pous-sant des cris de joie. Il est si char-mant, que tous les en-fants qu'il ren-con-tre s'arrêtent pour l'em-bras-ser; les plus âgés se font un plai-sir de lui don-ner des bon-bons.

Fa-mil-le.

A-na-to-le est le Ben-ja-min de la fa-mil-le, car il en est

le plus jeu-ne. Ses pa-rents le gâ-tent à l'en-vi l'un de l'au-tre : il est com-blé de jou-ets et de fri-an-di-ses, et, s'il n'a-vait pas un bon na-tu-rel, il pour-rait de-ve-nir vo-lon-tai-re, car tout cè-de à ses dé-sirs.

Gâ-teau.

Bé-bé a très bon cœur. Un jour sa ma-man le fait en-trer chez un pâ-tis-sier. El-le a-chè-te un gâ-teau qu'el-le don-ne à son pe-tit gar-çon, et ti-re sa bour-se pour pa-yer. Mais quand el-le se re-tour-ne vers Bé-bé, el-le est tout é-ton-né-e de voir qu'il n'a plus de gâ-teau. Il l'a don-né à un pe-tit pau-vre qui est de-vant la por-te de la bou-ti-que et qui le man-ge a-vec ap-pé-tit.

Ho-chet.

Pour-tant mal-gré sa gen-til-les-se A-na-to-le a un dé-faut. Il por-te tout à sa bou-che. C'est ain-si qu'un jour il en-fon-ce tel-le-ment son ho-chet dans son go-si-er, qu'il man-que d'é-touf-fer, et qu'on est for cé d'al-ler cher-cher le mé-de-cin pour le soi-gner.

I-ma-ge.

Bé-bé va à la mes-se a-vec sa ma-man ; mais, com-me il ne sait pas li-re, il ne se tient tran-quil-le que pen dant le temps où il dit la pri-è-re qu'il sait par cœur. A-près il s'en-nui-e et il re-mu-e con-ti-nuel-le-ment. Pour l'en-ga-ger à ê tre, sa-ge sa ma-man lui don-ne u-ne bel-le i-ma-ge, et com-me Bé bé est fort oc-cu-pé à l'ad-mi rer, el-le peut pri er sans ê-tre dé-ran-gé-e.

Jou-jou.

C'est le jour de l'an. On a don-né à Bé bé beau-coup de jou-joux ; mais un pe-tit bon-hom-me qui re-mu-e les bras en a-gi-tant des gre-lots lors qu'on le se-cou-e lui plaît mieux que le res-te. Et voi-là qu'A-na-to-le lé lais-se tom-ber et qu'il se cas-se. « Mon jou-jou ! » s'é-cri-e Bé-bé au dé-ses-poir et en pleu-rant à chau-des lar-mes.

Ki-os-que.

Le pa-pa de bé-bé A-na-to-le pos-sè-de un jar din où l'on mène le pe-tit gar-çon jou-er quand le temps est beau.

Bé-bé fait des pâ-tés su-per-bes a-vec du sa-ble; mais ce qui lui plaît en-co-re mieux c'est d'al-ler dans un jo-li ki-os-que pla-cé au mi-lieu du jar-din et dont les fe-nê-tres en ver-re de cou-leur lui font voir les ar-bres tour à tour bleus, jau-nes ou rou-ges.

Lo-lo.

C'est le prin-temps; Bé-bé va à la cam-pa-gne a-vec ses pa-rents. On le con-duit dans l'é-ta-ble, la ser-van-te

de la fer-me trait u-ne bel-le va-che
noi-re et em-plit de lait chaud u-ne
gran-de tas-se qu'el-le pré-sen-te à
A-na-to-le. Bé-bé, qui est un peu gour-
mand, met son pe-tit nez dans la tas-se
et boit u-ne si bon-ne gor-gée de lait
que lors-qu'il re-lè-ve la tê te il a une
pai-re de mous-ta-ches blan-ches.
« C'est du lo-lo, » dit-il en ri-ant
com-me un pe-tit fou. Bé-bé dit en-co-
re du lo-lo pour du lait, car il ne par-le
pas cou-ram-ment.

Ma-man.

Le pre-mier mot qu'A-na-to-le a su di-re est le mot ma-man. Aus-si le dit-il très-bien. Quand il souf-fre, quand

il a peur, lors-qu'il est jo-yeux ou fâ-
ché, il ap-pel-le sa ma-man. Tous les
pe-tits en-fants font la mê-me cho-se,
car, a-près le bon Dieu c'est leur ma-
man qui les gar-de, qui les soi-gne, qui
veil-le sur eux et dont la ten-dre sol-
li ci-tu-de les pré-ser-ve de tou-te souf-
fran-ce, de tout cha-grin, de tout mal.

Na-nan.

A-na-to-le si bon, si gen-til a pour-tant en-co-re un dé-faut; et mê-me un dé-faut as-sez gra-ve. Il est ex-trême-ment gour-mand. Quand le pâ-tis-sier ap-por-te chez ses pa-rents u-ne gran-de cor-beil-le rem-plie de gâ-teaux, Bé-bé court a-près sa ma-man qui ser-re les gâ-teaux dans l'ar-moi-re. Il lui de-man-de du *na-nan* et pleu-re de tou-tes ses for-ces quand el-le re-fu-se de lui en don-ner.

O-ra-ge.

Un jour le pau-vre pe-tit A-na-to-le eut u-ne gran-de peur. Il fut sur-pris ain-si que sa ma-man par un o-ra-ge é-pou-van-ta-ble. C'é-tait dans la cam-pa-gne, et la ma-man ne vou-lait pas se met-tre à l'a-bri sous les ar-bres, car el-le sa-vait que c'est très-dan-ge-reux. Bé-bé se ca chait der-riè-re la ro-be de sa ma-man dont il en-tou-rait sa tê-te pour ne pas voir les é clairs ni en-ten-dre le ton-ner-re. Dans sa ter-reur, il dé chi-ra la ro-be, et un grand mor-ceau d'é-tof-fe lui res-ta dans la main.

Petit Querelleur.

La peur qu'il a-vait eu-e don-na un ac-cès de fiè-vre à Bé-bé, et sa ma-man le gâ-ta com-me les ma-mans gâ-tent leurs bé-bés quand ils sont ma-la-des. Il en ré-sul-ta qu'u-ne fois gué-ri, A-na-to-le de vint in-sup-por-ta-ble. Quand sa sœur Fa-ne s'a-mu-sait a-vec sa pou-pée, il la lui ar-ra-chait, et si Fa-ne se plai-gnait, il lui cher-chait que-rel-le, la bat-tait, l'é-gra-ti gnait, en-fin lui fai-sait tou-tes les mé-chan-ce-tés pos-si-bles.

Ra-meau.

C'est pour-tant u-ne bien bon-ne mè-re que la ma-man d'A-na-to-le. Quand il est ma-la-de, el-le veil-le jour et nuit. U-ne fois el-le a é-té très in-qui-è-te, car son cher bé-bé était at-teint d'u-ne gra-ve ma la-die qui ren-dait le doc-teur très sé-rieux. Mais la ma-man a mis au ber-ceau du pau-vre pe-tit u-ne bran-che de buis qu'el-le a-vait fait bé-nir à l'é-gli-se le jour des Ra-meaux, et el-le a tant pri-é Dieu et la sain te Vier-ge Ma-rie que Bé-bé est re-ve-nu à la san-té.

Sonnette, Tambour

Bé-bé a un pe-tit cou-sin â-gé de cinq ans et qui s'ap-pel-le Hen-ri. Quand ils sont en-sem-ble, c'est un vacar-me à ne pas s'en-ten-dre. Tous deux font un con-cert à leur ma-niè-re. Hen-ri mar-che tout au-tour de la cham-bre en bat-tant du tam-bour, tan-dis qu'A-na-to-le le suit gra-ve-ment en a-gi-tant de tou-tes ses for-ces u-ne son-net-te à main. Il y a de quoi ri-re en les vo-yant, mais il y a de quoi se sau-ver bien loin en é-cou-tant leur mu-si que.

Un vi-lain Whist.

Whist! Whist! i-ci, vi-lain! C'est Bé-bé qui ap-pel-le son pe-tit chien. Le tou-tou a é-té nom-mé Whist, c'est un mot an-glais qui veut di-re chut ! par-ce qu'il a boi e tou-jours et qu'on est o-bli gé de le fai-re tai-re. Mais Whist est dé so-bé-is sant, il se sau-ve quand A-na-to le l'ap-pel le. Bé bé sem-ble très-mé-con tent ; il s'é-cri-e d'un ton cour-rou-cé : Bé-bé n'ai me plus tou-tou ; tou tou est un vi-lain Whist !

Xa-vi-er.

Quel est ce gros bé-bé qui se pro-mè-ne dans le jar-din? Il voit A-na-to-le, et A-na-to-le le voit aus-si. Ils se ten-dent les bras, ils s'a van-cent l'un vers l'au tre ; A na-to-le em-bras-se le bé-bé ; il lui de man de son nom. Je m'ap-pel-le Xa-vi-er, ré pond ce lui-ci. Bé-bé trou-ve ce nom très sin-gu lier, il a beau coup de pei ne à le pro-non cer, et Xa-vier rit aux é-clats en l'é-cou-tant.

Yo-le de Zo-é.

Bé bé A-na to le a u-ne gran-de sœur de quin-ze ans ap-pe-lé-e Zo é. Ma de-moi sel le Zo-é prend quel-que-

6

fois son pe-tit frè-re dans ses bras et le por-te dans u-ne yo-le dont son pa-pa lui a fait pré-sent. C'est un ba-teau très lé-ger et très é-lé-gant. Il est con-duit par un do-mes-tique de con-fian-ce. Le frè-re et la sœur font ain-si de char-man-tes pro-me-na-des sur la ri-viè-re qui cou-le au bout du parc.

LA TOILETTE DE BÉBÉ.

C'est un spectacle fort curieux que d'assister à la toilette de bébé Anatole. Comme il aime beaucoup à se promener, il est enchanté lorsqu'il voit sa maman apprêter son chapeau de feutre, ses jolies bottes et son petit manteau. Il rit, il chante, il pousse des cris de joie, son bonheur fait plaisir à voir! Malheureusement, pour aller à la promenade il faut avoir la figure très-propre, et celle de Bébé est barbouillée de confitures de groseille. Il n'aime pas qu'on le débarbouille, et il se sauve dans tous les coins, poursuivi par sa bonne qui tient une serviette mouillée.

Enfin cette opération difficile est terminée ; on lui met un col blanc, des manchettes ; Anatole se regarde au miroir, il se trouve beau et rit à son image. Le voilà tout à fait prêt, il a ses petits gants de drap, il tient à la main la pelle de bois et le petit seau de fer blanc qui doivent lui servir à faire des pâtés avec du sable. Sa bonne met un tablier blanc, elle prend Bébé par la main. Les voilà partis. Bien du plaisir, monsieur Anatole, amusez-vous avec vos petits camarades.

LE DINER DE BÉBÉ.

Anatole est de retour. C'est l'heure du dîner, et, comme il a bien couru, il a bon appétit. Il ne sait pas encore manger sa soupe tout seul, aussi sa maman le prend sur ses genoux et la lui fait manger. De temps en temps il se détourne, il dit qu'elle est trop chaude ou qu'il n'en veut plus, ou que les bouchées sont trop grosses. Sa maman, avec une patience admirable, lui raconte des histoires et, tandis qu'il écoute la bouche ouverte, elle se hâte de lui faire manger un cuillerée de soupe. Lorsque Bébé est enfin venu à bout de manger tout ce qui était dans l'assiette, on le place dans un fauteuil très-élevé. Là, le petit gourmand, qui n'aime pas la soupe mais qui est fort amateur de friandises, frappe la table de sa cuillère pour avoir sa part des bonnes choses que l'on sert. Il répète sans cesse comme un petit perroquet : « Quelque chose à Bébé ; quelque chose à Bébé ! » Son papa se moque de lui et dit en riant : « Quelque chose à coco ; quelque chose à coco. »

LA PRIÈRE DE BEBE.

Mais il est neuf heures ; c'est le moment où l'on couche les petits enfants quand on tient à leur conserver une bonne santé. Bébé Anatole est très-sage ; il ne pleure pas pour rester plus longtemps levé ; il dit poliment bonsoir à son papa et à sa maman qu'il embrasse de tout son cœur, et il se laisse déshabiller tranquillement. Quand il est en robe de nuit, il se met à genoux sur son lit devant une image du petit Jésus, et joignant les mains il fait sa prière. « Mon Dieu, dit-il, je vous donne mon cœur ; prenez-le s'il vous plait ; conservez la santé à papa, à mamam, à bébé Anatole, et faites-moi la grâce d'être toujours bien sage, car, si vous ne m'aidez pas, je deviendrai méchant. » Sa prière étant achevée, Anatole ferme les yeux et s'endort, pendant que son ange gardien veille sur lui et lui apporte de beaux rêves qui le font sourire pendant son sommeil.

PRIÈRES

ORAISON DOMINICALE.

Notre Père, qui êtes aux cieux, que votre nom soit sanctifié, que votre règne arrive, que votre volonté soit faite en la terre comme au ciel; donnez-nous aujourd'hui notre pain de chaque jour, pardonnez-nous nos offenses comme nous les pardonnons à ceux qui nous ont offensés; ne nous laissez pas succomber à la tentation, mais délivrez-nous du mal. Ainsi soit-il.

SALUTATION ANGÉLIQUE.

Je vous salue, Marie, pleine de grâce, le Seigneur est avec vous. Vous êtes bénie entre toutes les femmes, et Jésus, le fruit de vos entrailles, est béni.

Sainte Marie, mère de Dieu, priez pour nous, pauvres pécheurs, maintenant et à l'heure de notre mort. Ainsi soit-il.

ACTE DE FOI.

Mon Dieu, je crois fermement tout ce que vous avez dit et tout ce que vous nous enseignez par votre sainte

Eglise, parce que vous êtes souverainement véritable dans vos paroles.

ACTE D'ESPÉRANCE.

Mon Dieu, j'espère fermement de votre miséricorde infinie et de votre fidélité dans vos promesses que, par les mérites de Jésus-Christ, mon Sauveur, vous m'accorderez la gloire du ciel et les moyens nécessaires pour y parvenir.

ACTE DE CHARITÉ.

Mon Dieu, je vous aime de tout mon cœur et par-dessus toutes choses, parce que vous êtes infiniment bon et infiniment aimable : j'aime aussi mon prochain comme moi-même pour l'amour de vous.

www.ingramcontent.com/pod-product-compliance
Lightning Source LLC
Chambersburg PA
CBHW070532100426
42743CB00010B/2056